# 느티나무 있는 언덕

송중호 시집

을지출판공사

## ▎시인의 말 ▎

봄엔 새싹 진달래 개나리
여름엔 무성한 숲 속의 매미 소리
가을엔 파란 하늘 아래 코스모스
겨울엔 탐스럽게 쌓인 하얀 눈꽃

밭에는 고운 오이순의 노란 꽃
산속엔 흐르는 물소리와 산새 소리
물안개 피어나는 강가의 동양화
찬란한 해돋이와 곱게 물든 저녁놀을

형식이나 기교에 구애받지 않고
하나님이 창조하신 아름다운 동산
해와 달 별과 은하수의 섭리가
계절 따라 풍경이 참 아름다워
글을 만들게 합니다.

시라고 써 놓고 읽어 보면 졸작이지만
그래도 용기 내어 책을 내봅니다.
시집이 나오기까지 산모 역할해 주신
한내문학 최양희 이사장님과
한내문학 논산지회장 장병진 목사님께 감사드립니다.

2023년 봄
느티나무 아래서

송 중 호

■ 서문

# 시상이 기발한 자연주의 시인

최 양 희

〈(사)한내문학 이사장 · 문학평론가〉

필자가 송중호 시인의 작품들을 세밀히 검토하고 정리한 것을 한마디로 표현한다면 서문 제목이 말하듯, "시상이 기발한 자연주의 시인"이라는 점을 말해 주고 싶다.

송중호 시인이 등단할 무렵, 한국의 유명한 심사 위원장은 "감각적 표현의 선명성이 장점으로 드러내며, 시적 이미지는 인상적인 심상이다." 라고 평가했었다.

필자가 그 심사평이 말한 그대로, 시적 심상과 마음을 봐도 송중호 시인의 시는 참으로 가식 없이 진실하며 하나 손색없는 명시들이다.

그러한 시인이기에 등단하고, 2년 만에 『느티나무 있는 언덕』이라는 시집을 출간하게 된 것이 아닐까?

더욱이 송 시인은 대자연의 오묘한 섭리와 이치를 체험하고 느끼면서 진솔한 시를 썼는데, 여기에는 송 시인의 해박한 투지력과 특별한 관찰력이 깔려 있다. 독자들과의 공통적인 시심이 서로서로가 통함으로써, 누구나 쉽게 이해하기 쉬운 시들로 구성되어 있어서 더욱 자랑스럽다.

필자는 송 시인의 작품들을 꼼꼼히 검토하고 이해하며 정리하는 과정에서 느낀 것은 "특출한 자연주의 시인' 이 분명하다는 점을 말해 주고 싶다.

앞부분에 있는 시 일부를 소개한다.

> 그윽한 향기와 찬란한 색상으로
> 사람의 눈과 가슴을 설레게 함은
>
> 아마도 인생을 행복하게 인도하려는
> 하나님의 깊은 사랑인가 봅니다.
>
> –「꽃」 부분

송중호 시인의 「꽃」이란 시 한 편만 봐도 세상 사람

들을 행복하게 포용하려는 하나님의 깊은 사랑이 깃들어 있다.

우리네가 시인으로 태어났어도, 시 한 편 쓰기가 얼마나 힘든지, 한국의 숱한 시인 뿐만 아니라 문인들은 이런 점을 잘 이해할 것으로 본다.

다음 시를 보면 시상을 자연과 함께 융화시켰다.

하늘 향해 높이 솟은 나무
땅에선 이름 모를 무성한 잡초
가재가 서식하는 맑은 계곡

—「숲과 계곡」 부분

「숲과 계곡」이란 시는 어디에 구애받지 않고 정서 깊게 자유로운 흐름과 인간미가 신선한 감동을 주고 있다. 주제와 소재 모두 꾸밈없는 기승전결이 잘 정리된 시이다.

이번에 소개하는 시를 함께 공유해 보면, 송 시인의 인생관을 금방 느낄 수 있을 것이다.

부귀영화 자랑 마소
화살처럼 지나가는 우리네 인생이라네
많이 사랑하고 베풀고 용서하며 즐겁게
살다 갑시다

—「우리네 인생」 부분

송 시인은 시인다운 '화살처럼 지나가는 우리네 인생이기에' 라고 표현했다. 이 시는 화살처럼 지나가는 인간미 넘치는 자신의 철학사상을 잘 표현했다고 본다.

다음 시에서 송중호 시인은 "어머니 품속 같은 따뜻한 햇볕" 이라고 봄노래를 유연하게 노래했다.

어머님 품속 같은 따뜻한 햇볕
얼었던 땅 위에 살며시 내려앉으니
졸 졸 졸 골짜기 물소리 봄노래하고

—「봄소식」 부분

필자가 말했듯이 "졸 졸 졸 골짜기 물소리 봄노래하고." 하고 표현했는데 이것만 봐도 송 시인은 확실하게 기발한 시심으로 시를 창작하는데 있어서, 어떤 상상이

나 지회나 기교를 사용하지 않고 자연 그대로, 주제의 본질적 진리를 잘 표현한 시인이다.

이렇듯 몇 편의 시를 소개했지만, 송 시인이 이번 시집에 수록하는 시들은 모두가 손색없는 명시들이다.

필자가 또 언급하고 싶은 것은, 송중호 시인은 자연을 순수하게 노래한 시인이며, 독자들 누구나 쉽게 이해할 수 있는 순수성이 장점이고, 기발한 시상으로 창작한 시들마다 "새순처럼 여리고 소박한 시인" 이며, 시적 감각을 진솔하게 생산하고 있다.

송중호 시인의 「산동네」라는 시를 마지막으로 소개한다. 「산동네」라는 시는 이젠 겨울이 가고, 꽃이 한창 필 무렵에 봄을 노래한 시다.

> 산새들 노래에 진달래 얼굴 내밀고
> 개나리 수줍어 산들바람에 방긋 미소
>
> —「산동네」 부분

우리가 달력 한 장 한 장 넘길 때마다 한 달이 가고,

일 년이 넘어가듯 세월의 무상함을 글로 표현하는 송중호 시인은 멀고도 가까운 우주 공간을 품고 대자연을 공감하는 시인이다.

이러한 송중호 시인은 다방면으로 시적 감각이 자상하여, 새봄을 맞아 산들바람에 개나리 진달래 방긋이 웃을 무렵 제1시집을 출간하게 된다. 이 얼마나 위대하고도 자랑스러운 일인가?

끝으로 『느티나무 있는 언덕』의 시집을 출간하는 송중호 시인에게 우리 주위 사람들뿐만 아니라, 문인들 모두가 환영하면서 큰 박수를 보내 드리기를 기원한다.

2023년 2월  초순에

■ 축하의 글

# 인격의 결정체

권 선 옥

〈시인 · 논산문화원장〉

시에 대한 생각을 하다가 가끔 목월 선생께서 하셨다는 말씀을 생각한다. 추천을 하실 시인에 대한 말씀인데, '시가 괜찮으면 사람이 시원찮고, 사람이 괜찮으면 시가 모자란다.' 는 말씀이다. 그 말씀을 상기할 때마다 나는 어떤 시인인가 자문하곤 한다.

물론 사람과 시가 다 좋으면 좋겠지만, 그러기는 쉽지 않은 일이다. 예부터 산 좋고 정자 좋은 곳은 없다고 하지 않았는가. 그러면 둘 중 어느 것을 중요하게 여겨야 할까. 나는 서슴없이 사람 쪽을 선택하겠다. 재주야 좀 더 갈고 닦으면 모자라는 데가 채워질 수 있지만, 한 번 형성된 사람의 됨됨이는 고쳐지지 않는다. 그래서 나는 시인이기보다 먼저 한 사람으로서 크게 모자라는 데가 없기를 소망한다.

내가 송중호 시인을 만난 것은 내가 강의하는 논산문화원의 시 창작반에서이다. 중후한 느낌을 주는 어른 한 분이 새로 참여하셨다. 언뜻 보기에도 상당한 내공(內功)이 쌓인 분이라는 걸 알 수 있었다. 지내온 과거가 남다를 것이라는 생각이 들었다. 나의 이러한 어림짐작은 어지없이 적중하였다. 알고 보니 송중호 시인은 어느 교회에서 중책을 맡고 있는 독실한 기독교 신자였다(이하 송 장로님이라 호칭함).

대개의 사람이 처음에는 좋은 면만 보였다가 만나기를 거듭할수록 그와 다른 면이 보이기 일쑤이다. 그래서 처음에 가졌던 호감이 점차 감소되기도 한다. 그러나 송 장로님은, 벌써 두 해가 지났건만, 처음 그 인상이 하나의 변화도 없다. 오히려 날이 갈수록 송 장로님에 대한 호감의 정도는 계속하여 상승하고 있다. 이러한 일은 그리 흔치 않은 일이다.

얼마 전에는 당신이 다니는 교회가 아닌 다른 교회의 일을 맡아 하시느라 내 강좌에 참석하지 못한 일도 있었다. 나는 이 일로 시에 대한 열정이 부족하다는 생각이 들기는커녕, 평소에 내가 생각하는 송 장로님다운 처

사라고 생각하여 장로님에 대한 존경심이 더욱 커졌다.

송 장로님은 시 창작에 전념하여 많은 작품들을 내게 보여 주셨는데, 그 시의 세계는 늘 포근하고 안정적이었다. 그야말로 글에서도 송 장로님의 신앙과 인품의 향기가 풍겼다. 그런 노력은 한 문예지의 추천 관문을 거뜬히 통과하게 하였다. 많은 이들이 추천을 받고 나면 뭐가 크게 달리진 것처럼 태도가 변하는데 송 장로님은 그런 기색이 전혀 보이지 않았다. 그리고 여전히 내 강좌에 열심이시다. 과연 송 장로님이라는 생각을 하였다.

이제 또 그러한 열정과 인품이 결합된 시집을 내신다니 매우 기쁜 일이다. 그동안 정성을 기울이신 노력의 결정(結晶)이다. 이 시집 간행을 계기로 송 장로님의 시가 우리에게 더욱 큰 울림으로 다가올 것을 확신한다.

첫 시집 발간을 축하드리며, 앞으로 더욱 빛나는 시를 보여 주실 것을 기대한다. 시 창작에서도 하나님의 은총이 늘 함께 하시기를 기도한다.

2023년 봄날에

# 차 례

Contents

## 제3부 낙엽 지는 가을에

Contents

Contents

## 제6부 느티나무 아래 누우면

# 제 1 부

## 숲과 계곡

*산새들의 노래방 숲*
*산나물의 고향 양지바른 산기슭*
*그 맑은 아름다운 계곡의 주인*

# 꽃

나뭇가지와 풀잎에서
어찌 그리 아름다운 모습으로

그윽한 향기와 찬란한 색상으로
사람의 눈과 가슴을 설레게 함은

아마도 인생을 행복하게 인도하려는
하나님의 깊은 사랑인가 봅니다

# 넓은 우주

밤하늘 찬란하게 빛나는
별자리를 바라보며
모래알처럼 들어박힌
보석 같은 은하수를 바라보자

변함없는 북극성 북두칠성 견우와 직녀성
그러나 별자리 이 끝에서 저 끝까지 거리가
몇억 광년이 걸린다고 하니

넓고 넓은 우주를 사람 좁은 소견으로는
가히 측량하기 어렵지만
그 우주를 조성하신 하나님을 찬양할지어다

# 자연인

음식 만드는 일이 즐겁고
음식 먹는 일이 행복하며
산나물 채취가 즐겁고
산 향기에 행복하네

미워할 사람 없으니 즐겁고
그리운 사람들이 있으니 행복하며
산새들 노래하니 기쁘고
맑은 계곡 물소리 즐겁네

맑은 산 공기에
난치병 회복되니 즐겁고
매사에 감사하며
돈 없어도 행복하다네

# 일찍 피는 봄꽃

산수유 목련 매화
개나리 진달래 벚꽃

너희들은 겨우내 봄이 오기를
가슴 애타는 기다림이 있었기에

잎도 피기 전 얼굴을 보이니
장하고 사랑스러워라

너희들은 이 세상에 희망과 기쁨
사랑과 행복을 한 아름 안고 왔구나

# 이른 봄, 채운 들

여기는 호남선 천안 논산 고속도로
훈련소 연무선이 교차되는 채운 들
은진에서 내려오는 하천이
금강까지 연결되는 제방
자전거 타고 건강을 챙긴다

쌀농사 지으려는 힘찬 트랙터 소리
서울 목포 여수행 열차들은
신나게 상 · 하행선을 질주하고
개미 떼가 역사를 하듯
꼬리를 물고 봄 들판을 질주한다

제방엔 노란 민들레가
방긋이 웃고 있는데
봄 하늘엔 흰 구름이
한가로이 두둥실 흘러간다

# 봄 햇살

겨우내 북풍한설에 시달려
죽은 줄 알았던 연한 나뭇가지가
촉촉한 봄비 맞고
따뜻한 봄 햇살 받아
파란 고사리 손과
예쁜 얼굴을 내놓는구나

희고 노랑 빨강 파랑
화장품 없이 그렇게 고우니
라일락 향기 취해
백합 향기에 묻혀
떠날 줄 모른다

봄비 봄 햇살은
마른 가지에도 꽃피우는
멋진 요술쟁이

# 험한 직장 행복한 가정

동갑 부부는 3살 아들과
100일 된 딸과 웃음꽃 피우는데
어느 세상 꽃보다 곱고 예쁜
그대 아들과 딸 위해
나는 오늘도 끼니때도 잊은 채
주행하며 빵으로 허기를 채우지만
흙수저의 삶은 고달픈 삶

배달 시간 오래 걸렸다, 주인들 독촉 마소
늦게 도착했다 소비자들아 원망 마소
빙판 길 총알배달 식은땀 흘리는데
나도 당신들 같은 가정이 있는
무사고에 행복을 지켜야 할
소중한 남편이며 아빠랍니다

# 숲과 계곡

하늘 향해 높이 솟은 나무
땅에선 이름 모를 무성한 잡초
가재가 서식하는 맑은 계곡

산새들의 노래방 숲
산나물의 고향 양지바른 산기슭
그 맑은 아름다운 계곡의 주인

청설모 다람쥐 산돼지 고라니
너희들은 행복한 자로다

# 4월의 푸른 잎

4월의 푸른 잎
어찌 그리 연하고 사랑스러운지

노랑 병아리 귀여운 모습처럼
바람결에 손짓하는 푸른 잎 사이로
흘러가는 흰 구름마저 푸르고 여린
네 모습에 넋을 놓는다

반짝반짝 바람결에 빛내는데
산들산들 봄바람이 스쳐
떠날 줄 모르는 것은
4월의 사랑 이야기를 나눈다

# 감사

걸어 다닐 수 있어도 감사
볼 수만 있어도 감사
들을 수만 있어도 감사
말할 수만 있어도 감사

부축받지 않고 살 수 있어 감사
병원에 신세 지지 않아서 감사
그래도 현재 살아 있음에 감사
이 세상에서 생을 마치는 날
천국 갈 수 있음에 더 감사

# 창 너머

모란 꽃봉오리 터트리기 직전
영산홍은 빨강 분홍 활짝 피었네

라일락 향기 그득히 풍겨 오는
창 너머 신선한 공기가 가슴속에

봄 향기 전해 주며
봄 내음 몰고 오네

# 유채 꽃밭

노랑 병아리의 귀여움처럼
유채 꽃밭의 싱그러움이 물결치며
꿀벌 호박벌 곤충들 대목장을 이루고

윙윙거리는 합성의 들녘엔
활기찬 꿀의 향연장을 이루고
연인들 팔짱 끼고 걷는 모습
파랗게 익어 가는 사랑의 계절

봄 햇살 눈부시게 쏟아지는 들녘
노랗게 펼쳐진 유채 꽃물결
하늘엔 흰 구름 두둥실

# 마음의 짐

쌀 한 가마 지게가 어깨 누르고
벼 등짐과 보리풀 한 짐에
힘센 장정도 땀나는 육신의 짐

여의지 못한 과년한 자식들
가난으로 진학시키지도 못하고

잘 입히고 잘 먹이지 못하는
부모의 아픈 것은 마음의 짐

## 우리네 인생

아등바등 살아 봐도 인생 백 년인데
천년 살 것 같아도 잠깐 머물다 가는
나그네 인생

수천 만금 자랑해도 빈손으로 떠나고
박학다식해도 갈 땐 다 놓고 가는 게
우리네 인생

부귀영화 자랑 마소
화살처럼 지나가는 우리네 인생이라네
많이 사랑하고 베풀고 용서하며 즐겁게
살다 갑시다

# 느티나무 이야기

옛 어르신들 이야기 소리
쉬는 일꾼 코 고는 소리
아낙네들의 수다 소리
개구쟁이들의 소란 소리

시원한 매미 소리
새들의 합창
눈 서리 이슬 맞고
햇빛 받아 잎 내며
장맛비에 천둥까지
태풍에 모진 바람 잘 견디고

일본인 게다 소리
인민군 따발총 소리
새마을 가꾸기 노래
가슴에 담고 200년을 살았다오

# 할미꽃

시집온 열다섯 어린 소녀
빨래와 콩밭 매며 길쌈하고
방망이질 맷돌질에 아이 낳고

고된 시집살이 살아온 세월
너무 아파 무덤 속에서 흐느끼는
울음소리가 할미꽃 되어 피었다오

# 아침

동녘의 붉은 태양
온 누리에 어둠을 몰아내고

새벽을 지저귀며 깨우는
새소리의 희망찬 수다

수줍게 내려앉은 물안개
꽃잎에 이슬을 선사하고

출근길 바쁜 하루가 문 열며
출근길 등굣길 논으로 밭으로
세상을 향한 바쁜 발걸음들

# 오이 넝쿨

내 손 잡아 달라
손짓하는 오이순

대나무 가지 세워 주고
며칠 후에 가 보니

대나무 감고 올라가
노란 꽃이 피었다

꼬마 오이가 주렁주렁
대나무 세워줘 고맙단다

# 공짜

사랑하는 것 숨 쉬는 것
구름 흘러가는 하늘 보는 것
산새들 노랫소리 듣는 것

계곡에 흐르는 물소리 듣는 것
매미들의 합창 소리 듣는 것
물안개 깔린 강변 산책하는 것

아름다운 산천과 해변의 파도
아아! 나는 이 세상에 행복한 사람
이 모두가 공짜랍니다

제 2 부

# 저 구름 흘러가는 곳

*파란 하늘 저 산 너머에*
*사랑하는 님 살고 있겠지*

*저 구름 흘러가는 산 너머에*
*나를 기다리는 님이 살겠지*

# 보석들

발에 밟히는 시냇가 많은 돌멩이
크고 작고 둥글고 납작하고 모나고
붉고 희고 검고 노랗고

수만 년 세월 풍상을 겪으며
깎이고 다듬어져 나타난 모습은
대자연의 선물이요 작품인 걸

모양에 관계 없이 보석밭이구나
돌 하나의 사연은 소설이구나
돌 하나의 모습은 진정 보석이구나

# 코스모스 마음

담 밑 구석진 곳 외로운 자리에
정성껏 떠서 화단 화분에 옮겨
물 주고 마음 주었던 코스모스
6월 초 계절을 앞당겨 피었네

반가워 웬일이냐 물었더니
주인님 정성 어린 손길에 감사해서
보답하느라 계절 앞당겨 혼신 다해 피었답니다
아름다운 네 마음 네 얼굴 보니 더 사랑스럽구나

# 엄마 사랑

어린 딸 등에 업고
한 손엔 장난감 과자 봉지

이마엔 구슬땀 송골송골
세월 얼마나 흘러가야

등에 업힌 잠자는 딸이
엄마 사랑 헤아리려나

## 옛 친구

한국전쟁 휴전된 초등학교 시절
미국 원조 우유 끓여 먹으며
월사금 못 내 무릎 꿇고 손들어 벌 받고

보리 서리 콩 서리 아카시아 꽃으로 허기 채우던
그 옛 친구 전화로 만나 가슴 벅차네
매일 카톡 오가며 노년의 행복 누리니

고마운 옛 친구
친구야 지금껏 살아 있어 감사하고
옛날이야기하며 살 수 있어 즐겁단다

만보건강 잘 챙겨 오래오래
황혼행복 누리며 사세
병두 친구야!!

# 산

봄에 고사리 취나물 가을에 버섯 약초
맑은 계곡엔 물고기 폭포 소리
산새 소리 바람 소리 다람쥐 청설모

산은 친구요 위로자요 즐거운 운동장
산안개 물감 풀어 동양화 그려 놓으면
나는 이 세상에 부러울 게 하나 없다네

## 부부

콩깍지 씌워져 처녀 총각이 결혼했는데
군에서 수류탄 사고로 남편은 두 눈 실명
자살의 뜻 못 이루며 살기로 작정했다네

끈질긴 사하라 사막 횡단 에베레스트 8,000m 정복
눈이 되어 준 아내에게 색소폰 배워
생일에 "아내에게 바치는 노래"를 연주

사랑하오! 내 삶에 눈이 돼 줘서
뜨거운 서로의 감격의 눈물들
고난 속에서도 진정한 사랑과 행복은 있지요

－2021. 6. 12. KBS 방송을 본 후

# 뻐꾹새

이른 새벽부터 우는
새야 새야 뻐꾹새야!

배고파인지 그리워인지
즐거워서인가 괴로워서인가

네가 우는 소리를 들어도
네 마음 헤아릴 줄 모른단다

# 제비

강남 갔다던 제비가
봄바람 타고 이 강산에 찾아 왔구나!

지푸라기 물고 집 짓고 알 낳고
새끼를 위해 혼신 다 바치는
제비 부부는 하루해가 짧겠지

내년 봄엔 어린 새끼들이 어른 되어
다시 이 동산에 찾아와 집 짓고 알 낳고
먹이 물어다 귀여운 새끼들 기르겠지

# 산골

아스팔트 빌딩에서는
보아도 뿌연 공해
마음 편히 하늘 볼 여유 없었는데

산골에 오니 푸른 숲 파란 하늘
산속은 채소 산나물 버섯 등등
개울물 소리 산새 소리에 편해진 마음

영혼에 쉼이 있어 피로가 풀리니
푸른 숲 맑은 개울물 고마워라
한가로이 흘러가는 흰 구름도

# 짝사랑

초등학교 때 나는 반장 그녀는 부반장
착한 그녀의 집은 면장님 댁 궁궐 같았다

내가 크면 부반장 같은 여인과
꼭 결혼해야지 마음 두고 살았지!

한국전쟁 끝난 후 그녀의 소식은
어느 시골에서 고생하며 산단다
소식 끊겨 50년 그리움만 가슴 졸여 온다

## 매미

소리 내어 울지 않으면
보이지 않기 때문

여름이 뜨거워
매미가 우는 것이 아니고

매미가 우니
여름이 뜨겁다

# 아버지

왜 난 아버지 없어
삯바느질하는 엄마 곁에 앉아 응석 부렸네
밥그릇과 구두를 소중히 간직
보고플 때 꺼내 보았네

제사 지내던 남편 이산가족 상봉에
육십오 년 만에 아버지 목메어 불러 보았네
꿈같이 만나고 헤어졌네
달이 밝으면 그 달을 보며
마음 전하기로 하고 손 흔들며 기약 없는 이별

# 우리 엄마

엄마 생일날 집에 오면
울다 웃다 이야기에 날이 새는데
해 질 녘 도착할 때를 알지만
아침부터 동구 밖 버스에 눈이 멈춰 있다

밤새워 공장에 고생하는 딸 생각
남몰래 뜨거운 눈물 맺혀 있는 엄마
하늘 가신 지 어느덧 50여 년

산소에 가면 꼭 품어 주며
엄마 젖꼭지 물려주실 것 같은
그 행복에 젖어 본다

# 희망의 끈

비바람 천둥 번개
눈보라 속에서도 피는 꽃
그 꽃은 웃음꽃

절망과 시련 아픔 속에서도
잡아야 할 끈
그것은 희망의 끈

# 지나가는 것

아무리 힘들고 어려워도
세월이 가면

아무리 기쁘고 행복해도
사랑하는 사람과의 이별도

여름날 검은 구름에 쏟아지는
소낙비같이 지나가는 것

## 외할머니

외할머니 손에
젖병 물린 내 어릴 때 사진
부모 없이 자란 그 긴 세월
진자리 마른자리 곱게 길러 주셨네

세월이 흘러 내가 외손녀 도움받는데
목욕 음식 말동무 재롱
어머니 같은 외할머니 내 곁에
아프지 말고 오래오래 있어 주시길

# 서리태 콩밭

서리태 심어 놓고 한 달
무릎까지 키가 자라도록
사이사이 풀 뽑느라 땀 흠뻑

샤워 후 땡볕에 땀 흘린 자만이 누리는 행복
가을 타작에 자녀와 손주들
검은 콩밥 생각하니 보람된 땀

## 세월의 강

한 계절 피어나는 꽃
언젠가는 지고 말 듯

우리 인생 천년 살 것 같은
착각 속에 살지 마소

화려한 이력 뽐내지 말고
무쇠 건강 자랑 마소

세월이 강물 따라 흐르듯
덧없이 흘러가는 게 인생이라오

# 향기

꽃향기 따라
벌 나비 날아들 듯
내가 먼저 용서하고
손해 보며 손 내밀고

아량 베풀고 미소 지으며
사랑으로 접근할 때
은은한 사람
향기 나지 않을까요

# 서로가 서로를

산새가 숲 속에서 노래하고
다람쥐가 조용히 감상한다

산새와 다람쥐가 말 없어도
자신들 끼리끼리 생각한다

바람이 흰 구름을 손잡고 간다
파란 하늘이 내려다보고 있다

바람과 구름은 말이 없어도
서로가 서로를 사랑한다

# 저 구름 흘러가는 곳

파란 하늘 저 산 너머에
사랑하는 님 살고 있겠지

아름답게 단장한
네 모습 사랑스럽구나

저 구름 흘러가는 산 너머에
나를 기다리는 님이 살겠지

서로서로 만나면 밤새워
사랑 얘기 나누리

# 제 3 부

# 낙엽 지는 가을에

*누군가 보고 싶은 날*
*마음의 창 열고 눈 감으니*
*그리운 얼굴들이 하나 둘*
*내 마음에 다가오네요*

# 이 세상에 귀여운 것

어린 아기
잠자는 모습
숨 쉬는 모습
눈 감은 모습

코 입 귀 볼
손가락 발가락
보면 볼수록
사랑스럽고 귀엽구나

# 찬란한 태양

꽃 피고 새 우는 화창한 봄날
가슴 부푼 젊은 날이 있는가 하면

비바람 눈보라 폭풍우 속에
한 치 앞을 볼 수도 없는
흑암이 내 인생길을 막을 때

낙심 좌절 말고 끈을 놓지 않고
힘내고 용기 내고 기운 내시오

어둠이 깊을수록 새벽은 가까워 오고
찬란한 태양은 눈부시게 내 인생길을
밝혀 줄 테니까요

# 강변에 앉아

강변 둑 미루나무 가지에선
매미들의 즐거운 합창 소리

돌 틈 사이로 시냇물 노래하며 흐르고
푸른 산 겹겹이 쌓여 푸르름을 자랑하네

파란 하늘 엄마, 아빠, 아들, 딸 구름
행복을 누리며 흘러서 간다

# 낙엽 지는 가을에

누군가 보고 싶은 날
마음의 창 열고 눈 감으니
그리운 얼굴들이 하나 둘
내 마음에 다가오네요

정답고 사랑스러운 얼굴
고맙고도 보고 싶은 얼굴들
내 맘에 찾아와 지난날을 추억하며
못 잊게 하네요 사무치게 그립게 하네요

# 살다 보니

기쁨 넘쳐 감격의 눈물
사람으로 감당하기 힘든
절망과 슬픈 시간도 있지만

사랑했어야 했는데
참았어야 했는데
그 길을 가지 말아야 했는데

살다 보니
기회는 다 지나가고
후회하는 삶이 인생길이다

# 파크골프

잔디 위의 흰 파랑 노랑 붉은 공
방향과 강약 따라 희비가 갈린다

맘 편한 분들과의 즐거운 운동
공 따라 걷다 보니 오천 보 만 보

덤으로 건강 챙겨지니 보람 있고
삶에 힘이 되고 즐거움이 샘솟네

한 달 동안 웃음을 한두 시간에 웃고 즐기니
노년의 삶이 풍요로워라

# 황혼

인간 노화는 막을 길 없으니
스트레스 줄이고 평안한 마음으로
용서하며 살고 감사하며 삽시다

비가 오지만 그치지 않는 비가 없고
바람이 불지만 때가 되면 그치며
꽃이 피지만 언젠가는 시들어도

곱게 물든 단풍은
책갈피에 소중히 간수합니다

우리 삶도 아름다운 황혼빛
여정을 향해 곱게 물들어 갑시다

# 마음밭

꿀통 같은 마음
물통 같은 마음
쓰레기통 같은 마음

내 맘에 사랑 담으면 즐거움
미움 담으면 불안
걱정 담으면 근심만 가득

용서하고 이해하고 감사하며
여유 있고 넉넉한 마음으로
풍요로운 삶 살아갑시다

# 귀뚜라미

한여름 무더위에
매미의 노랫소리 요란하고

파란 가을이면
귀뚜라미는 벌써 가을 노래

시원한 가을 달밤을
목청 돋우워 지새운다

## 가을 이야기

높고 푸른 하늘 아래
흰 구름 한가로이 흘러가고
코스모스 한들한들
가을바람 인사한다

토실토실 알밤들이 입을 벌리고
대추가 붉게 옷 입으니
푸른 산 붉은 옷 갈아입느라
밤낮으로 바쁘구나

빨간 고추 햇볕에 낮잠 자고
초가지붕 보름달 같은 하얀 박
가난한 흥부네 집 톱질만 기다린다

# 좋은 생각

눈 밝을 때
좋은 구경 많이 즐기고

귀 밝을 때
좋은 음악 많이 즐기고

치아 좋을 때
맛있는 것 많이 즐기고

가슴이 떨릴 때
고운 사랑 즐기시오

육체와 영혼 보약은
웃음이라오

# 흰 구름 같은 것

돈과 명예 권세 건강 행복 생명
모두가 세월 따라 변하는 것

남편 아내 자녀 친구들도
세월 가면 내 곁을 떠나는 것

건강해라, 병들지 마라, 죽지 마라
외쳐 봐도 모두가 요망 사항

이 세상에 내 것은 하나도 없고
덧없이 흘러가는 흰 구름 같은 것

# 붉은 잎의 그리움

짝사랑의 아린 마음
사별의 아픈 마음
한 잎의 붉은 잎에
그리운 맘 적어 봅니다

그립다고
보고 싶다고
못 잊겠다고

붉은 잎은 이 가을에
짙어 가는데
그리움도 붉게 물들어 갑니다

## 쉼

육체가
마음이 영혼이
자유로워지는 것
편안해지는 것

삶을
기름지게
윤택하게

빛나게
해방되는 것

# 가을 하늘 아래

점점 흰 구름 흘러가고
가을볕에 대추 붉게 물들고
밤송이 붉은 속살
수줍어라 드러내는데

고추잠자리 옥수숫대에서
낮잠 자는 오후
애호박 담장에 달려
된장찌개 써 달라
목 빼고 기다린다

# 되돌아올 줄 모르는 것

계절은 빠르게 오고 가건만
물장구치며 놀던 어린 시절

정답던 학창 시절
열심히 했던 직장 생활

젊음도 한 번 가면
늙음도 한 번 오면

되돌아올 줄 모르는 것
그것이 우리네 인생이라네

# 암탉

21일의 기다림 속에 피어난 꽃
뒤뚱, 뒤뚱, 노랑 병아리

무서워도 배고파도 힘들어도
엄마 품속에 쏙 들어와

그곳엔 두려움 없고
평안함과 행복이 있다

나도 엄마 품속에 젖 먹던 시절
세상 근심 걱정 없던 그때가
지금 가슴 저리게 그리워진다

하늘에 계신 어머니 따뜻했던
그 품속 그리워라

# 고향 가는 길

길은 막혀도
맘은 벌써 고향에 있네

부모님 앞에 자식들은 없어도
자식들 맘은 벌써 정든 집에 있네

부모님 정이 있는 곳에 사랑이 있고
알밤 줍던 앞산 가재 잡던 골짜기

고기 잡던 시냇가 벌거숭이 친구들
꿈엔들 잊지 못할 고향 산천
영원한 마음의 안식처라네

# 산이 주는 풍요

가을 산에 오르니
밤 대추 도토리 버섯 등

산의 풍요로움, 한 아름 선사하네
맑은 물, 맑은 공기, 시원한 바람

아름다운 경치 산은 어머니의 품속이구나
영과 육 치료하는 병원이구나

지친 심신 풀어 주는 휴식처구나
변함없는 마음의 고향이구나
내 영혼 안식처로다

# 가을 들판

여름내 땀 흘려보내고
물 대고 거름 주고 김매니

그 정성 고마워 무럭무럭 잘 자랐네
귀뚜라미 노래에 대추는 붉어지고

알밤도 수줍게 입을 벌리면
어느새 황금 들판 이루었네

노란 들판 바라보니
세상은 풍요로워지고
안 먹어도 든든해지네

# 청산에 살리라

청송 그늘 밑에 앉아
멀리 내려다보이는
겹겹이 쌓인 산 너머 산의 윤곽

하얀 산안개에 쌓인 모습 한 폭의 동양화로다
풀 향기 그윽한 산정 산새들의 노랫소리

산속의 고요를 깨고
청산 속 바람과 함께 흰 구름과 푸른 나무와 함께
낮에는 햇빛 밤에는 달빛 별빛
사랑하며 살리라

# 제 4 부

# 모르고 사는 행복

*아무도 알 수 없는 내일이 있기에*
*날마다 새로운 꿈을 안고 있습니다*

*희망을 바라며 모르고 사는 행복*
*무지갯빛 찬란한 바램도 있습니다*

# 감

오월엔 하얀 작은 꽃
시월엔 큼직한 빨강 꽃
감잎 속에 주렁주렁 숨어 있네

예쁜 손주 오는 날 붉은 감아
외할머니 사랑 되어 주려무나

오늘도 파란 하늘 아래
외할머니의 약속 되어 주려고
가을 햇빛 받고 붉게 익어 가네

# 코로나 시절 한가위

부모 형제 만나보고 싶은데
원망스럽게 발목 잡는 코로나

식당은 파리 날리며
물건은 안 팔리고

월세 돈 낼 돈 없고 봉급 못 주는 추석
빈손으로 못 가는 고향 마음만 애달프구나

밝은 보름달아 실직 폐업 부도난
아픈 사연 너만은 알아 다오

# 코스모스 언덕

짙푸른 가을 하늘 아래
빨강 분홍 흰 네 모습 선명히 돋보인다

아름답게 한들거리는 모습에 반해
가을이 넋을 잃고 찾아왔구나

짝사랑 그리운 님 만난 듯이
첫사랑 보고픈 님 만난 듯이

갈바람 코스모스 핀 언덕에서
떠날 줄을 모르는구나

# 한가위

오곡백과 무르익어 물결치는
넉넉한 산과 들 바라보니
가난하지만 소박한 농부의 마음

꿈에서도 그립던 고향 산천
어린 뼈가 굵어지던 곳에서
함께하니 천 리 길도 가까워라

고기 잡던 시냇가 알밤 줍던 뒷동산
물방앗간 옛 모습만
휘영청 밝은 보름달이
어린 시절을 회상케 하네

# 감이 붉어지기까지

오월에 하얀 꽃 피우고
아기 열매 긴 장마 비 맞고

어둔 밤 무서운 천둥 번개
무서워 콩닥거렸네

삼복더위 땡볕을 참고 견디며
이슬 맞아 예쁘게 성숙했네

싱그런 가을바람에 수줍어
파란 가을 하늘에 부끄러워
네 얼굴이 붉어졌구나

## 요양병원

내 육신 내 마음대로 못하여
가는 곳이 요양병원

한평생 자식 키우고 가르치며
골병이 든 흔적들

한 달에 몇 번 찾아오는 자손들
떠날 때는 더 허전하다오

긴 병에 효자가 없소
건강할 때 건강관리 잘해야지
창살 없는 감옥이라오

# 산골

작은 집 짓고
사랑하는 이와 밭 갈아
콩 호박 오이 감자 상추 심고

산속에 꿀벌 소리 들으며
뻐꾹새 두견새 벗 삼아
가난해도 욕심 없이

들꽃 향기 속에 살리라
푸른 산 경치 보며 살리라
동산에 흰 구름 보며 살리라

# 창을 열면

미소로 창을 열면
가슴 가득 싱그런 행복

코스모스 새벽이슬 머금고
아침 인사 한들한들

들국화 흰 옷차림 향기로 인사하네
맑은 바람 심호흡하니 심신이 상쾌

갈바람 살랑살랑
물안개 깔고 옵니다

# 보릿고개

어린 아들 혼자 두고
김매러 들에서 일하는 엄마

울다 지쳐 잠든 아들
젖 물리어 허기 채우고

많은 식구 밥을 푸다 보니
엄마 밥은 누룽지 조금
모자란 젖 어린 아들 양 못 채워

밤늦도록 칭얼대다 잠드는
아아! 힘들었던 보릿고개

# 모르고 사는 행복

내일을 커튼으로 가려 놓아
두근거리는 가슴이 있습니다

아무도 알 수 없는 내일이 있기에
날마다 새로운 꿈을 안고 있습니다

희망을 바라며 모르고 사는 행복
무지갯빛 찬란한 바램도 있습니다

## 걸레

사람들이 피하는 곳을
너는 찾아가 밝게 빛내고

보기 싫어하는 곳을 찾아가
깨끗하게 만들어 놓고

냄새 나는 곳을 찾아가
네 몸으로 흡수하기도 하고

네 희생은 사람의 눈과 코
마음에 행복을 선물하는 걸레

# 탑정호 출렁다리

하늘 높이 호수 위에 우뚝 솟은 아치 아래
출렁거려 거나하게 된 사람처럼 발길 흔들린다

남쪽 분수 쇼 높이 솟아오른 하얀 물기둥
속이 시원하게 환호성 지른다

동서남북 어느 곳을 보아도
호수와 어울린 파란 가을 하늘 아래
단풍 든 풍경은 절경이어라

어느 관광지보다
더 아름다운 동양의 긴 다리
논산의 자랑 탑정호 출렁다리

# 낙엽

땡볕에 익어 기미가 끼고
검버섯 피어버린 잎새
무서리 맞아 노랑색
된서리 맞아 붉어졌구나

찬 서리 찬 바람 맞아
땅에 지천으로 누워 있는 너희들을
낙엽 밟는 발자욱 소리 들으며

가을 사람들은 사색과 명상
행복에 가슴 두근거려진다
가는 세월 바라보며
가는 세월 아쉬워하며

# 인생

바람처럼 흘러갈
구름처럼 떠나갈
안개처럼 사라질
메아리처럼 소멸될 인생이란다

그러기에
무지개처럼 찬란하게
아름다운 오늘 이 순간을
값지게 후회 없이 살아갑시다
보람 있게 즐겁게 살아갑시다

# 눈 내리는 밤

세상이 하얗게 옷 입은 밤
산속 다람쥐 산토끼는
이 추위에 어찌 살고 있는지

어느 땅속 보금자리에서
밤 도토리 상수리로 허기 달래며
다리 오그리고 지내겠지

빛도 없는 겨울밤
눈 덮인 산야는 눈꽃 세상
얼마나 춥고 얼마나 답답할까?

# 가치 있는 삶

인생은 단 한 번 만의 여행
해는 떠서 서산 노을 질 때까지
빛과 생명과 성장을 주고 가듯

질그릇 같은 몸에
주님을 영접하는
후회 없는 가치 있는
영광스런 삶을 살아갑시다

# 지천에 깔린 봄

꽁꽁 얼어붙은 시냇가에
예쁜 새싹들이 손 내밀며
버들강아지 새순 피어나니

겨울잠에서 깨어난 개구리들
겨우내 들녘 끝에서 살던 멧새
이젠 활개 치며 노래 부르는 봄

따사로운 봄볕에 여기저기
파란 하늘 아래 지천으로 피는 민들레 개나리
아지랑이 이글거리는
언덕 위엔 종달새 노래 흥겨워라

# 인생길

흘러가는 세월은 붙잡을 수 없고
흐르는 시냇물도 되돌릴 수 없고
어둠이 깊을수록 새벽은 가깝고

밤은 아침을 이기지 못하고
겨울은 봄을 이기지 못하며
불행은 행복을 이기지 못하고
절망은 희망을 이기지 못합니다

인생길 아무리 즐겁고 행복해도
세월 가면 구름처럼 지나가는 것
고난의 아픈 세월도 지나가고 만답니다

# 대추

고추잠자리에게
대추가 속삭인다

햇빛 바람 비 이슬
내 얼굴 간질이더니

가을 파란 하늘이 부끄러워
나도 몰래 얼굴 빨개지네

제 5 부

# 인생을 즐겁게

*붉은 단풍 기다리느라*
*봄날의 포근함을 놓치지 말고*
*흰 눈 쌓인 겨울 되어서야*
*푸르렀던 녹음을 그리워 말라*

# 야생의 여정

둥지 만드느라 어미들 바쁜데
알 품고 인내의 시간 지나가니
노란 부리 먹이 달라 입 벌리네

그들 나름의 시간 지나니 먹이 끊고
자립 훈련 자신 스스로 먹이 사슬
신변 보호 소홀하면 살기 힘든 현실

울창한 숲 속의 냉혹한 세계
스스로 살아야 하는 새들의 세계

# 산정 호수

– 포천

하늘 위에 떠 있는 산과 호수
눈의 피로를 내려놓으라는 녹음
마음의 묵은 때 씻으려는 파란 호수
근심 걱정 날려 보내려는 흰 구름

산새 소리 속에 옛이야기 담아내고
소슬바람 귓가에 앉아 잘 왔다고 인사
청송 그늘에 앉아 보니 산 너머 산
풀 향기 솔 내음에 시간은 멈춰 섰다

# 고산 트레킹

하늘 닿을 듯한 솟은 산에 하얀 눈
가까운 산 밑에는 초록의 동산
치맛자락 펼쳐 놓은 듯 부드러운 산자락

눈 녹아 흐르는 발밑 시냇가엔
이름 모를 야생화 눈웃음 지으며
숨찬 걸음마다 인내하며 세상을 배운다

첩첩산중 험한 준령 눈부시게 아름답고
장엄한 대자연의 품속에 시간은 멈춰 섰다

## 은퇴 부부의 행복

은퇴 후 꿈을 이루기 위해
양지바른 시골에 둥지 틀어
상추 아욱 감자 오이와 옥수수
콩 농사지어 청국장 만들고

정원 가꾸어 자연석 솔 그늘에
둘만의 그네에 앉아 부부는 어깨동무
"나의 살던 고향은 꽃피는 산골" 합창

봄엔 목련 개나리 진달래
가을엔 코스모스 국화 단풍
시절 따라 꽃피고 낙엽 지고
흰 눈 쌓인 산촌의 아름다운 풍경

더도 덜도 말고 이렇게만 오래 건강하여라
달 뜨는 밤 소쩍새 소리 이렇게만 행복 머물거라

# 스마트폰

마음대로 각종 영상 볼 수 있으니 감사
즐겁고 기쁜 시간에 살 수 있으니 감사

음악 미술 종교 시 소설 수필 가곡
무한대 볼 수 있고 누릴 수 있건만
혹자는 시간 지루하고 심심하단다

심심하면 배워서 누리면 될 것을
스마트 폰 없던 시절 어떻게 살았을까?

# 병실

당으로 발가락이 험한 환자
투석 호흡기 목소리 못 내는
생로병사의 엄연한 현장이다

힘들고 탁한 병실에서
푸른 산 맑은 계곡 물소리 그립고
청송 감싸 흐르는 맑은 바람 전신에 맞고 싶다

산새 소리 나는 나무숲이 그립고
푸른 숲은 치료의 보약이 아닐까?

# 30대 미남 청년

교통사고로 하반신을 잃은 청년
독방 신세 병실 커튼 쳐 놓고 산다

간호사의 약과 밥 쟁반 받아도
그 청년은 늘 감사하단다

남들이 자기를 비참히 볼 것 같은
자각지심이 있는지

누구나 당할 수 있는 사고
당당하고 떳떳이 살았으면 좋겠네

알고 보니 사고 전 남이 부러워하는
잘나가는 대기업 직장인이었단다

# 3월 하순

봄이 오는 길목에
맑은 태양이 이글거리며
동녘 산 위에 솟아오르고

파란 하늘 아래 따듯한 햇살 받아
산천초목이 겨울 보내고 새봄 맞아
기지개 켜며 심호흡하는 소리 들린다

지금쯤 땅속뿌리에선
세상에 봄 향기 날리기 위해
땀 흘리고 애쓰는 너희들 모습이
꽃보다 아름답구나

# 봄이 오는 소리

봄 햇살 살포시 내려앉은
나뭇가지에 귀 기울이니

꽃봉오리 앞세우고
봄 향기 노래하며

뿌리에서 속삭이는
봄이 오는 소리가
세미하게 들려옵니다

# 맘 편히 쉬던 곳

장태산 메타세쿼이아 하늘 높이 솟은 나무는
사람 건강 챙겨 주는 피톤치드 생성되고
대아 저수지 깊은 계곡 청송 푸른 숲
물속에 가라앉아 구름수레 타고 한가롭다

초봄에도 가을처럼 붉은 어린잎 단풍
산들산들 갈바람처럼
초봄에 가을을 노래한다
이곳에서 맘 편히 쉬어 가련다

# 봄소식

어머님 품속 같은 따뜻한 햇볕
얼었던 땅 위에 살며시 내려앉으니
졸 졸 졸 골짜기 물소리 봄노래하고

마른 나뭇가지마다 봄비에 새싹 소리
산골짝 양지쪽에 귀 기울여 보세요
새봄 맑은 물소리 듣고 터질 것 같은
꽃봉오리 맺혀 있네요

## 건강이 부자

건강한 사람이 부자요 행복한 사람이며
향기 있는 사람은 세월 가도
그리움으로 남는다

보이지 않는 행복도 가까이 있으니
맘 가볍게 봄바람 향기에 취하며
활짝 핀 꽃처럼 마음도 펴고

내 맘속 묵은 먼지 털어 내며
심호흡 빈 공간에 풀 내음 챙겨
육신 건강 맘 건강이 제일이겠지

## 맘 편하려면

용서하고 이해하고 살면서
내 몸 건강 챙기기 위해 힘쓰라

맘 편한 친구와 서로 대화 나누며
화단을 예쁘게 가꾸고 꽃을 피워라

친절 늘 베풀고 안부 전화 나누며
맘 편히 큰 소리로 웃으며 살자

## 깊은 생각

알고 있는 세 가지
사람은 누구나 분명 죽는데
나 혼자 죽으며
가지고 갈 것 아무것도 없다

모르는 것 세 가지
언제 어디서 어떻게 갈지 모르며
살아 있는 지금
"나는 부활이요 생명이니
나를 믿는 자는 죽어도 살겠고
무릇 살아서 나를 믿는 자는 영원히 죽지 않으리라"

성경 말씀 믿고 살다가
영생 길 찾아가는 삶이 후회 없는 삶

## 인생을 즐겁게

붉은 단풍 기다리느라
봄날의 포근함을 놓치지 말고
흰 눈 쌓인 겨울 되어서야
푸르렀던 녹음을 그리워 말라

아침 햇살 붉은 노을 물안개 낀 강변
푸른 산 맑은 물소리 바람 소리 새 소리
산촌 풍경 맘에 담고 욕심 없이 살아 보세
건강 평화 행복은 그곳에 동행하리니

# 동트는 이른 아침

어둠이 진할수록
새벽은 가까이 오며
동쪽 산 너머 이글거리는 불덩이
함성을 지르며 밀려오니

어둠의 장벽 손들고 사라지며
밤새껏 어둠에 짓눌렸던 산천초목
새벽이슬 머금고 새날을 반기니
생명력 넘치는 하루가 시작된다

# 아침 햇살

동녘 하늘 아침 햇살 비춰 오니
산새들 노래하며 하루가 깨어난다
농부들 논밭으로 발걸음 바빠지고
출근 등교하라 동쪽 창이 밝아 온다

오늘도 슬기롭고 보람 있는 일들
좋은 날 되라 응원하고 손짓하며
가을의 풍요를 바라본 농부의 발길
머릿속에 영롱한 꿈이 물들어 있다

# 점심 햇살

하늘에서 오는 입 기운으로
나무엔 잎 피며 들판엔 꽃 피고
꽃 속에 색이 있고 향기 발한다
흙에 따스한 입김 품으니
긴 겨울잠 자던 개구리
잠 깨어 봄볕에 기지개

너의 불덩이 해는 요술쟁이
풀도 벌레도 겨울잠 깨우고
꽃 피고 향기 풍기는 힘이 있으니까

# 저녁 햇살

서쪽으로 기우는 햇살
높은 산 그림자 마을에 내려오면
등 굽은 농부들 지친 몸집으로 집으로 향하고
산새 들새 보금자리 찾으면 저녁이 온다

하루 종일 나뭇가지에 꽃망울
아기 잎 솟아내라 따스한 입김 불며
새싹 꽃망울이 내일 또다시 내려와
우리 키워 달라 부탁
지는 해는 그런다고 약속, 서산에 잠들다

# 제 6 부

# 느티나무 아래 누우면

*다람쥐처럼 느티나무 오르내리던*
*먼 옛날 개구쟁이 친구들*

*지금쯤 어느 하늘 아래 살고 있을까*
*보고 싶고 그리워진다*

# 봄노래

잘 자란 보리밭 위에
종달새 높이 날며 봄노래하고

목련 진달래 개나리 단장한 얼굴
수줍어라, 얼굴 내미는데

뻐꾹새 노랫소리 듣고
윙윙대는 벌 나비 새봄에 춤추네

## 푸른 오월

봄 햇살 예쁜 봄비
사랑 속삭이더니 살랑 바람 불어
며칠 만에 연한 잎 피우고
산천은 지천으로 푸르러만 가네

따스한 엄마 품속 같은
봄과 함께 푸른 오월은 우리 곁에
사랑스런 봄날을 뻐국새 노래하고
산 꿩이 푸드득, 날쎈 제비 맵시 사랑스럽다

# 어둔 밤

온종일 이글이글 환한 빛
서쪽 산 넘어 숨어버리니

어둠은 밀물처럼 세상을 덮고
산뜻한 초승달 대추나무에 걸려 있고

어두울수록 선명한 별떨기만 반짝인다
은하수 맑은 물에 목욕하려나
별똥별 한 줄기 쏜살같이 은하수에 풍덩

# 밤

어둠이 내립니다
물체가 윤곽만 보입니다
새들이 날개 접고 눈을 감습니다
산천초목도 소리 없이 잠든 밤입니다
지친 사람도 내일 향해 숙면하는 밤입니다

박쥐가 활개 치며 뛰노는 밤입니다
수달이 먹이 사슬 하는 기회입니다
삵이 닭장 빈틈을 노리는 시간입니다
둥근 달이 높이 떠서 이 모습 보고 있는
고요한 밤입니다

# 병두 친구 내외분

초등학교 중학교 동창 친구
65년 만에 전화로 알고 지금은 매일
카톡으로 소식 전하며 살고 있다

병원 입원 16일간 좋은 내용
카톡으로 심심함 없이 보냈는데
이틀 후 퇴원한다 하니

포장된 도가니탕 한 박스
택배로 보내왔는데
정말 고마운 마음 감동이었다

옛 친구야 오래오래 인생 황혼을
즐기며 건강하게 행복 챙기며 살아가세

# 가 보고 싶은 곳

장태산 메타스퀘이어 하늘 높이 솟아
건강에 좋은 피톤치드 발산에 바쁘겠다

대아 저수지 푸른 산 푸른 물결 일렁이겠고
고산 휴양림 대아 휴양림 영산홍 만발했겠다

부소산 눈 내린 풍경 잊을 수 없고
대천 해수욕장 눈 덮인 풍경 오뉴월 성수기의

뜨겁고 성황기의 모습 상상해 보며
깊은 그리움도 상상해 본다

# 죽도

서해안 대천 해수욕장
남쪽 작은 섬 죽도에 올랐다

푸른 나뭇가지 사이로 보이는
서해바다 물결 솔잎보다 연하고
하늘빛 또한 물빛보다 연하다

많은 인파 잘 꾸며 놓은 둘레길
해변에 부서지는 하얀 파도 모양
철썩거리는 바다의 소리

노송 사이사이 펼쳐진 풍경이 절경
떠나가는 배 주위 갈매기도 춤추고
팔짱 끼고 걷는 연인들 모습 사랑스럽다

# 사랑하는 사람과 같이 가면

고운 님, 곁에 있어 함께하는 시간
가슴은 설렘으로 두근두근
등산길에 발걸음 가벼워지고
야생화 웃음 인사 살랑 반기네

산 향기 나무 향기 연인들 향기
산새들도 노래 불러 곁눈질하며
계곡물도 정다워라 소곤소곤
사랑 노래 부르며 흘러내리네

## 산골 삶

감나무 연한 잎 꽃 뒤에 애기 감
쌀밥 같은 아카시아 꽃꿀 따는 벌

맑은 물 흐르는 골짜기
취나물 들깨 씀바귀 질경이 잡초 부침개
새로운 맛 건강한 맛 자연의 맛 약초전

솔잎 푸른 그늘 밑에 뻐국새 노래하는
오후엔 꿀 낮잠 자는 행복한 시간

# 느티나무의 교훈

펌프도 없는데 웅장한 느티나무
실가지까지 물, 영양 공급 잘해 주어
푸른 잎새들을 싱싱하게 피워 낸다

오늘의 정치인들도 느티나무처럼
그늘진 소외지역 눈물 닦아 주는
선정을 골고루 베풀어 주시기를
나무처럼 소리 없이 골고루

## 산 이야기

겨울잠에서 깨어 보니
온몸엔 초록 잎들이
부끄러움을 가리어줬네

골안개 짙게 덮어 포근한 이불
깊은 산속 산새 소리 즐거웠고
다람쥐 산 토끼 친구 되니 외롭지 않고

옹달샘에 목 축이는 아기 다람쥐
풀 향기 가득 담은 산바람
골짜기를 감싸 안고 미소 짓네

# 느티나무 아래 누우면

잎 사이로 파란 하늘
한가로이 흐르는 흰 구름 좋고

살랑 바람 푸른 잎 틈으로 반짝 햇빛
내 눈을 간지럽힌다

다람쥐처럼 느티나무 오르내리던
먼 옛날 개구쟁이 친구들

지금쯤 어느 하늘 아래 살고 있을까
보고 싶고 그리워진다

철없는 매미는 자지러지게 울어 대고
피곤한 일꾼들 코고는 소리 장단 맞춰
주책없는 뻐꾹새 노래할 때
들판을 스쳐 온 시원한 바람
땀 식히는 착한 바람

# 감사한 식사

먼저 식사 마친 친구
4인분 식대 계산하고 갔단다

세 사람은 그 친구를 모르는데
한 사람 친구 덕에

세 사람이 고마운 식탁
친구야 우리 언제 한번 만나자고!

## 산촌

푸른 산 맑은 물 내 맘의 고향
지천으로 풀이 자라 숲을 이루고
어린나무 자라 산림을 이룬다

해 뜨면 산새들 노래하고
밤에는 반딧불이들의 세상
한낮엔 벌거숭이 개구쟁이들의
고기 잡는 행복한 개울가

산 너머 흰 구름 시간 멈춰 졸고 있고
누렁이 엄마 소는 송아지 재롱에 즐거운 강변 둑
하늘 높이 솟은 미루나무에선
무더운 여름을 노래하는 매미

# 산동네

구름 이불 덮고 자란 나무
녹색 잎은 천사 이슬이 내린 선물

산골짝에 흐르는 맑은 물은
목마른 다람쥐 목을 축이고

산새들 노래에 진달래 얼굴 내밀고
개나리 수줍어 산들바람에 방긋 미소

## 산사람

바람 따라 구름 따라
낮에는 산 오르고
밤에는 별빛 아래
달빛 받아 단꿈 이루고

이끼 덮인 바위 밑에
약수 생수 건강 주고
둥굴레 더덕 산삼에
근심 걱정 없이 자유로워라

맑은 산정기는
6개월 병원이 내린 시한부 생명
해방됐네 승리했네
푸른 산은
새 생명 허락한 따뜻한 어머니의 품

## 환절기

밖에 나가면 줄줄 흘렸던 땀방울
말복 지나니 매미 소리도 시들고
더위가 꺾이며 파랗게 높아진 하늘

산자락엔 흰 구름 졸고 있고
빨간 고추잠자리 가을을 춤추며 맞이한다
코스모스 한들한들 푸른 하늘 가을을 손짓한다
기다렸다고 어서 오라고

# 남새밭

늦여름 초가을 열리는 팔월 말
무 배추 씨앗 정성 들여 심었다
며칠 후 노랑 병아리처럼
예쁜 새싹들이 얼굴 내민다

햇볕 이슬과 비바람 보살핌 속에
무럭무럭 잘도 자란다
흰 눈 쌓인 겨울밤
동치미의 새큼한 맛 침이 고인다

김장 날 푸짐한 저녁상
온 집안 식구들 웃음꽃 만발
남새밭은 동치미와 김장김치의 고향이란다
먹거리 생산 공장이란다

# 비

봄비는 마른나무에 잎 피며
목련 개나리 진달래꽃 잔치

여름비는 산천초목 무성하여
오곡백과 살찌우는 보약이며

가을비는 밤 대추 감이 풍성
붉은 단풍 곱게 물드는 물감

겨울비는 추위에 하얀 눈꽃들
젊은 맘 설레고 즐겁게 한다네

# 별

별이 빛나는 밤하늘
은하계의 광대한 우주

좁은 지구에 사는
사람들아 별 보고 배워라

너그럽게 다투지 말라고
빛나는 별처럼 정답게 살며

사랑의 꿈 가슴에 담고
용서하고 이해하며 살라고

송중호 시집
**느티나무 있는 언덕**

초판 인쇄 2023년 4월 18일
초판 발행 2023년 4월 25일

지은이 | 송중호
펴낸이 | 김효열
편　집 | 이세호

펴낸곳 | **을지출판공사**

등록번호 | 1985 년 2월 14일 제 2-741호
주　　소 | 서울시 마포구 양화진길 41, 603호
우편번호 | 04083
대표전화 | 02) 334-4050
팩시밀리 | 02) 334-4010
전자우편 | ejp4050@hanmail.net

값 15,000원

ISBN 978-89-7566-228-7 03810